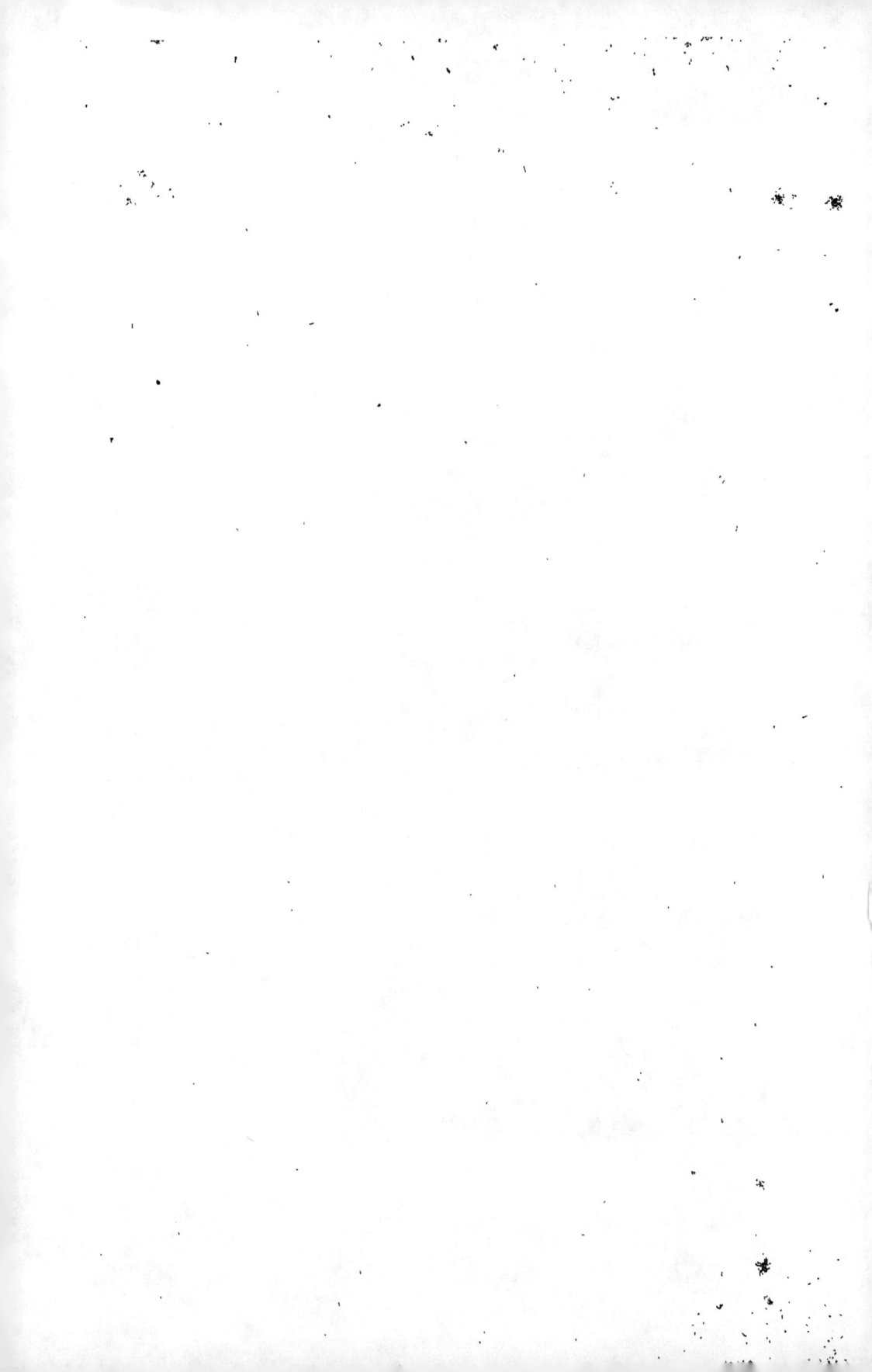

Lb 48.1661.

# PROCÈS

## DE LOUIS-PIERRE LOUVEL.

LA Cour des Pairs s'est réunie le 15 mai 1820, à onze heures, dans le palais ordinaire de ses séances. M. Bastard-d'Estang, nommé conjointement avec M. le baron Séguier, juge-instructeur, par la commission, a présenté le rapport de l'affaire de l'infâme Louvel. La séance qui a duré jusqu'à cinq heures et demie, a été consacrée à entendre une partie de ce rapport. La lecture de l'autre partie a été faite le lendemain et les jours suivans. Le 18 et le 19, M. Bellart a lu son réquisitoire, qui, autant que les communications sociales peuvent pénétrer les mystères de la Chambre, paraît avoir électrisé toutes les consciences par la sagesse de ses idées, la pureté de sa doctrine et l'élévation de ses sentimens. On croit son opinion peu conforme à celle du rapporteur, sur les moteurs du crime de Louvel. Nous la ferons connaître quand elle aura été publiée officiellement.

Le 22 et le 23 mai, la Chambre des Pairs, formée en Haute-Cour de justice, a statué sur les prévenus au nombre de dix-neuf. Elle a déclaré à l'égard de sept d'entre eux ( Dubois et sa femme, Layet, Haqueville, Toutoin, *dit* l'Éveillé, Renard et Hamelot ), qu'il n'y avait lieu à suivre, attendu qu'il n'existait contre eux aucune trace de délit.

A l'égard de six autres ( Guillet ( le général ) (1), Vincent, Juglet, Giroux et Thomas ), qu'il n'y avait lieu à suivre, faute d'indices suffisans de culpabilité.

A l'égard du surplus ( Pinat, Marin, Bourdin, Duval et Mauvais, Louvel excepté ), qu'il n'y avait lieu à suivre devant la Cour des Pairs ; mais attendu qu'il peut résulter de l'instruction qu'il y aurait lieu à poursuite pour d'autres crimes ou délits, la Cour a renvoyé les prévenus à qui de droit, à la diligence du procureur-général.

(1) M. le maréchal-de-Camp Guillet, qui parvint par son courage au grade d'officier-général pendant la révolution, fut persécuté par presque tous les gouvernemens, et surtout par celui de Buonaparte, dont il était l'ennemi. Cependant, dans les cent jours, il accepta le commandement du département de l'Hérault.

Le 7 mars, un mandat d'arrêt fut lancé contre lui par le parquet de la Cour des Pairs. Ce général était malade : il resta chez lui, mais sous la surveillance de deux gendarmes.

Enfin Louvel a été mis en état d'accusation , et l'ouverture des débats ajournée au lundi 5 juin. Dans cet intervalle, Louvel devra prendre connaissance de l'instruction , se choisir un défenseur, ou , sur son refus , en recevoir un qui sera nommé d'office par la Cour des Pairs.

Le 24 mai , vers dix heures du matin , on a signifié à Louvel son acte d'accusation , dans le greffe de la conciergerie. On l'a ensuite fait monter dans la chambre d'accusation, où on lui a nommé pour défenseur d'office , M. le bâtonnier de MM. les avocats du bareau de Paris ( M. Archambault).

## Nouveaux détails sur Louvel.

Louvel passe quelquefois certains jours sans parler , parce qu'il s'aperçoit qu'il ne prononce pas un mot , même insignifiant qu'il n'en soit pris une note exacte, ainsi qué de la minute et de l'heure , et lorsque ses gardiens veulent l'engager à le faire , pour tirer parti de ce qu'il pourrait dire , il leur répond : « Occupez-vous de remplir votre devoir ; lorsque je serai devant la Cour des Pairs, je sais ce que j'aurai à répondre. »

Ce scélérat dit que *tuer un homme lorsque c'est pour opinion , et en révolution surtout , n'est pas un crime ;* et il ne craint pas de se comparer à *Brutus.* Avec de semblables sentimens on ne sera pas surpris si Louvel n'a point voulu recevoir les consolations de la Religion.

Il a demandé la permission de fumer. Cette permission lui a été refusée.

Le chien d'un des concierges lui témoigne beaucoup d'amitié. Louvel le trouve insupportable , et repousse les caresses de cet innocent animal , modèle de la fidélité.

Lorsqu'on lui annonce qu'il va être interrogé, il en témoigne beaucoup de joie. Il trouve , sans doute , une jouissance maligne dans ces interrogatoires , qui lui rappellent son crime, ou une occasion de se distraire.

Le moment des repas est toujours attendu par Louvel avec une grande impatience, parce qu'on lui ôte sa camisole qui l'empêche de faire usage de ses bras et de ses mains. Le concierge de la prison lui tient compagnie et partage ses repas. A l'heure indiquée , le concierge sert du potage dans deux assiettes; il en prend le premier plusieurs cuillerées, les mange, attend quelques instans ; ensuite la seconde assiette est placée devant Louvel, qui suit l'exemple que le concierge vient de lui donner et mange. On en use ainsi pour tous les mets qui lui sont présentés et même pour la boisson.

Il paraît qu'on prend ces précautions, pour empêcher

qu'on n'empoisonne les mets que le concierge est chargé de faire apprêter lui-même.

Son ordinaire se compose de la soupe, du bouilli, d'une livre de pain, et d'un verre d'eau rougie. Il ne veut pas boire du vin pur.

Un jour, on lui a servi des haricots ; il n'en voulut point, disant qu'un prisonnier d'état n'était pas fait pour manger des légumes. D'ailleurs, suivant lui, il a besoin d'une bonne nourriture pour résister aux interrogatoires qu'on lui fait soutenir à tout moment.

Immédiatement après les repas, on remet la camisole à Louvel. Enfin, il ne fait pas un mouvement, un geste, un pas, que tout ne soit observé et enregistré. — En général, il ne paraît sensible qu'à ce qui tient aux fonctions animales, boire, manger et dormir. Mais un jour, parlant de son supplice, comme il demandait si on lui couperait le poing, sur la réponse affirmative d'un des concierges, il fit un mouvement qui annonçait de l'effroi et la peur du mal.

La veille du jugement, Louvel sera transféré dans une chambre qui est déjà préparée au palais du Petit-Luxembourg, près la caserne de la gendarmerie d'élite.

On se rappelle que, lors de l'arrestation de Louvel, on trouva sur cet assassin un autre poignard que celui dont il avait frappé son auguste victime ; Louvel avoua qu'il l'avait fait fabriquer à la Rochelle, il y a quatre ans, mais sans désigner ni le nom, ni la rue du fabricant ; un plan de cette ville lui ayant été présenté, il a, dit-on, reconnu la rue, et des enquêtes ont été faites à cet égard. Nous en connaîtrons sans doute le résultat.

Louvel eut, dit-on, pendant un certain temps, une maîtresse très-élégante, attachée à un des grands théâtres de la capitale. Louvel venait souvent, au sortir du spectacle, la prendre en cabriolet. Son langage n'est point dépourvu d'élégance et de correction. Il s'énonce facilement. Ses traits sont communs ; il est blond ; il a les yeux bleus ; la bouche, le nez et le front petits ; son menton est rond, et l'ensemble de son visage est ovale ; il est d'une taille plus qu'ordinaire, mais sans beaucoup d'embonpoint ; son regard est farouche, froid et impassible.

Louvel enflammé par le fanatisme politique qui produit les forfaits atroces, désirait, il y a quelque temps, de monter sur l'échafaud afin de jouir de cette funeste célébrité qu'il ambitionnait, et qui lui mit le poignard à la main. Il s'est calmé, dit-on, et n'est plus le même. Son arrogance s'est évanouie, et quatre mois de détention lui ont fait faire de cruelles réflexions. Il s'est cru un *Brutus*, un *Mucius-*

*Scevola*; mais le remords lui crie qu'il n'est comme ces républicains forcénés qu'un infâme assassin. La procédure qui va s'ouvrir lui assignera son rang parmi les *Ravaillac* et les *Chatel*.

— Voici de quelle manière l'on a arrêté l'officier de l'ancienne garde impériale, revenu du Champ-d'asile, qui avait dit chez une marchande de fleurs, qu'on épargnerait, *dans la bagarre*, madame la duchesse de Berry.

Un agent de police, qui avait le signalement de ce militaire, crut le reconnaître dans un estaminet. La crainte de se tromper et peut-être encore plus la crainte de faire une scène qui aurait pu lui attirer quelque désagrément, font comprendre à l'agent de police qu'il doit renoncer pour le moment à saisir l'individu suspect. Cependant, il ne veut pas laisser échapper une si belle occasion. Il a bientôt pris son parti ; le voilà à la même table que le militaire : il se fait apporter un carafon de vin, le soulève d'un main maladroite, et laisse épancher toute la liqueur sur le pantalon du voisin. Nulle excuse ne suit ce petit accident ; le militaire s'en offense. *Monsieur, j'ai été fort mal élevé*, dit froidement l'agent de police; *je ne fais jamais d'excuses.* — *Vous êtes un impertinent*, riposte le militaire. — *Monsieur, cela est possible*, réplique avec encore plus de flegme l'homme de la police. Le militaire ne se possède plus; il propose un duel pour le lendemain, fixe l'heure ainsi que le lieu du combat, et échange son adresse contre celle de son adversaire. C'était précisément pour avoir cette adresse que le carafon de vin avait été renversé.

Le lendemain arrive. Dès la pointe du jour le militaire entend frapper à sa porte ; il ouvre, et le premier homme qui se présente à lui est son adversaire de la veille, qui lui intime l'ordre de le suivre à la préfecture de police ; cinq ou six alguazils étaient entrés au même instant : toute résistance était impossible ; il fallut obéir. Le militaire arrêté se nomme *Mauvais*; c'est individu est, dit-on, le même qui a touché 1000 fr. de la souscription dite du *Champ-d'Asile*.

On trouve chez Aug. SEGUIN, libraire, Place-Neuve,

*Le Duc de Berry peint par lui-même, ou lettres et paroles remarquables de S. A. R. Monseigneur le Duc de Berry, etc.; brochure de 44 pages, dédiée à* Mademoiselle, *par les pauvres filles orphelines de Montpellier : se vend* 5o *centimes au profit de ces mêmes orphelines.*

De l'imprimerie de Jean MARTEL le jeune.

Depuis que M. le chancelier et MM. les pairs-instructeurs se sont occupés du soin d'interroger Louvel, d'entendre les témoins, et d'obtenir tous les documens propres à dissiper les nuages dont le crime a été environné : tout jusqu'ici a été secret; quelques détails, quelques faits détachés sont seuls devenus publics. Nous allons les rassembler.

MM. les pairs chargés de l'instruction, et M. le procureur-général, ont procédé avec la plus grande attention : rien ne leur est échappé; ils ont remonté à toutes les sources, ont tout vérifié. Le moindre soupçon a suffi pour leur faire ordonner les recherches les plus exactes. Le 29 mai, ils ont encore entendu un nouveau témoin.

Louvel a été interrogé par eux très-fréquemment. A compter du 17 février, jour où le mandat d'arrêt a été décerné contre lui; et dans une partie du mois de mars, il l'a été de deux en deux jours. Alors, M. le chancelier et MM. les pairs-instructeurs se transportaient au palais de justice; la Chambre d'accusation de la Cour royale était mise à leur disposition, et on y conduisait Louvel. Deux agens de police et quatre gendarmes étaient chargés de sa garde. Ses interrogatoires duraient ordinairement deux ou trois heures. Les personnes qui l'ont vu sur son passage, lui ont trouvé beaucoup de tranquillité et plus que de l'assurance. Aussi a-t-il montré en toute occasion une présence d'esprit étonnante.

Un de MM. les pairs-instructeurs lui ayant fait pressentir que s'il persistait dans le silence qu'il gardait sur l'évidence d'un complot, on emploierait des moyens extraordinaires pour obtenir des aveux et les noms de ses complices, il répondit : « Vous ne parviendrez pas à m'effrayer; je connais les lois, vous ne pouvez aller au delà : ainsi, dispensez-vous d'avoir recours aux menaces, qui ne produiraient aucun effet sur moi. »

Un autre le pressait vivement pour lui faire de pareils aveux, et voulait lui prouver que seul il n'aurait jamais commis un pareil crime. Louvel répéta qu'il n'avait pas de complices, et qu'au surplus, si M. le commissaire voulait absolument qu'il en eût, il commencerait par l'accuser lui-même de complicité.

MM. les pairs ne se sont pas bornés à interroger l'assassin; ils l'ont confronté avec un grand nombre de témoins. Les enquêtes ont été très-fréquentes; MM. les pairs auraient entendu jusqu'à trois cents témoins. Dans ce nombre, il faut probablement comprendre tous ceux que la commission a cru devoir faire arrêter, et qu'elle a fait mettre en liberté presqu'aussitôt.

Les arrestations qui ont produit le plus de sensation,

et qui ont eu un résultat semblable, sont celle du général Guillet, du sieur Vincent, du paysan normand, et de l'officier de la vieille garde.

Voici ce qu'on raconte du paysan de Normandie qui fut accusé d'avoir témoigné de la satisfaction en apprenant la mort de Mgr. le duc de Berry.

Cet homme, sous un extérieur simple, n'était pas dépourvu d'une certaine finesse ; on en jugera par le récit suivant, échappé dans la conversation à un grave magistrat.

Interrogé sur la vérité de l'accusation intentée contre lui, le paysan normand est convenu d'avoir en effet, au premier moment, approuvé l'action de Louvel. « Et qui est-ce qui peut motiver de votre part, lui a demandé le magistrat, une pareille malveillance envers une famille auguste qui ne désire que le bonheur des Français ? » Sans se déconcerter, il a dit que son mécontentement était provoqué par le rétablissement prochain de la dîme et des droits féodaux, ainsi qu'on le lui avait certifié. Sommé de révéler les auteurs de ces assertions, le paysan, après s'être un peu fait prier, a répondu : « Puisque vous voulez le savoir, ce sont les chaudronniers de passage qui me l'on dit. »

A ces mots, la gravité magistrale s'est déridée, et on a invité le pauvre homme à s'expliquer un peu mieux.

« Eh bien ! a-t-il répliqué, est-ce que les chaudronniers ne savent pas tout ? Ils parcourent les pays ; ils entrent dans les châteaux et dans les presbytères ; ils s'arrêtent dans les cabarets, causent avec l'un et avec l'autre; et, puisqu'ils m'ont dit qu'on allait rétablir la dîme et les droits féodaux, il faut qu'ils en sachent quelque chose. »

« Comment, reprend le magistrat, pouvez-vous ajouter foi aux propos tenus par des gens qui ne peuvent connaître les intentions de l'autorité, et qui, s'ils ne la calomnient, ne parlent au moins que d'après des calomniateurs ?»

« Cela vous plaît à dire, répond le paysan; mais les chaudronniers ne sont pas les seuls à tenir ce langage : car, bien que nous n'ayons pas de grands seigneurs dans notre bourg, la femme de notre chirurgien ne cesse de nous menacer du retour des droits féodaux. »

« Allez, brave homme, vous êtes libre; mais souvenez-vous une autre fois de mieux juger des Princes qui veulent le bonheur de tous, et qui n'ont jamais fait de mal à personne. »

Le paysan ne s'en allait pas; interrogé sur ce qui l'arrête : « Je suis venu ici dans une bonne voiture, bien nourri, et jasant tout le long de la route, comment voulez-vous que je m'en retourne ? » — Après votre imprudence, vous

n'avez guère à vous plaindre. Que signifie ce langage ?
— « Dam ! c'est que je ne l'avais dit qu'au coin du feu. »

Le paysan s'en est allé à pied, avec une feuille de route
et trois sous par lieue.

Des commissions rogatoires ont été envoyées dans presque toutes les provinces, surtout dans les pays où Louvel
a pu passer ou séjourner : on a voulu avoir une connaissance exacte de tout ce qui tient à son caractère et à ses
habitudes. A Tours, à Rennes, à Troyes, à Lyon, à Metz,
à Nuits et dans d'autres villes, on a interrogé différentes
personnes qui semblaient avoir connu l'événement avant
qu'il fût physiquement possible qu'elles en fussent instrui-
tes. Mais l'une, c'est un maître de poste, qui avait la sin-
gulière habitude de dire, lorsqu'on lui apprenait une nou-
velle : *Je le savais;* l'autre tenait quelques détails, d'un
voyageur plus diligent que le courrier; celle-ci du courrier même, mais avant que le courrier en eût parlé à qui
que ce fût : toutes avaient été imprudentes, et rien de plus.
On parle d'une dame des environs de Milhau, qui avait
été appelée à Paris, ainsi que de l'audition d'un témoin
forcé qu'on a fait venir du bagne. A Lyon, cependant, la
commission rogatoire aurait peut-être été de quelque uti-
lité si elle fût arrivée à temps.

Un ancien camarade de Louvel, qui avait autrefois tra-
vaillé avec lui comme garçon sellier chez un sieur *Majesté,*
sellier-carossier, à Lyon, se présente chez ce dernier le
mercredi 16 février au matin. Majesté ignorait l'affreux attentat du 13. Surpris de revoir cet ouvrier, il lui demanda
d'où il venait; celui-ci l'engagea à venir déjeuner chez un
marchand de vin. Étant à table, Majesté fut étonné de
trouver cet homme qu'il croyait dans la misère, revêtu,
sous une blaude de toile, d'un habit bleu fort propre : de
là le colloque suivant.

*Majesté.* Pourquoi caches-tu tes habits sous ce vêtement
grossier ?

*L'ouvrier.* C'est que cela m'est plus commode pour
voyager.

*D.* Quand es-tu parti de Paris ?

*R.* Dans la matinée de lundi.

*D.* Cela n'est pas possible : il faudrait donc que tu fusses
venu en poste ?

*R.* Ainsi ai-je fait. Mais tenez, M. Majesté, finissons les
questions. Je suis venu pour vous remercier des attentions
que vous eûtes pour moi dans un temps de malheur.

Et se levant de table, il tira une bourse bien garnie,
d'où il prit l'argent nécessaire pour payer le déjeuner; puis
il s'éloigna.

Quelques heures après, un commissaire de police vint chez Majesté faire des perquisitions; mais l'homme qu'il cherchait était parti.

---

Le 26 mai, l'on a remis à Louvel copie des pièces relatives à sa procédure. Le défenseur officieux a pour adjoint M. Bonnet. La liste des témoins lui a été signifiée le 30 du même mois.

Quoique Louvel n'ignore pas quel sera son sort, et qu'il ne peut se soustraire à la mort, il eût désiré d'être jugé par la cour d'assises : on ne sait pas par quel motif. Nous présumons que c'eût été pour pouvoir profiter de l'appel et gagner ainsi du temps, ou dans l'espérance d'être enlevé par ses complices, au milieu de tant de personnes rassemblées dans le même lieu.

Il a éprouvé, il y a quelque temps, une espèce de suffocation, un étouffement qui provenait, sans doute des réflexions terribles et sombres qu'il faisait, en voyant approcher le moment de sa condamnation. Le sang-froid qu'il affecte n'est point du courage ( car un assassin ne peut en avoir ), c'est l'endurcissement dans le crime. Cette fermeté se démentira sans doute devant les juges, mais bien plus encore au moment de son supplice. Il tente par quelques révélations vraies ou fausses à prolonger son existence ; et le temps qu'on emploie à chercher des éclaircissemens toujours nécessaires à la marche lente et sûre de la justice, lui donne quelque satisfaction, et entretient ses espérances.

Les débats vont faire connaître toute l'atrocité de son caractère : on pourra suivre, jour par jour, ce nouveau régicide, méditant son crime, calculant toutes les chances du succès, et cherchant sa victime comme une bête féroce cherche sa proie.

— LOUVEL ! son nom est bien plus expressif que tout ce que nous pourrions dire; LOUVEL enfin va paraître devant le tribunal auguste chargé de le juger et de le condamner, d'après les lois, à un supplice trop doux pour le forfait dont il s'est rendu coupable.

— Le 10 mai, on a arrêté à Aubange ( Belgique ), un voyageur récemment arrivé de Paris, et qui, dit-on, est impliqué dans l'affaire *isolée* de Louvel.

---

*On trouve chez* Aug. SEGUIN, *libraire, Place-Neuve:* Le Nouveau Ravaillac, *servant d'introduction au procès de* Louvel. Prix : un franc.

De l'imprimerie de Jean MARTEL le jeune.

### *Acte d'accusation contre* Louis-Pierre LOUVEL.

Le Conseiller-d'État, procureur-général de S. M., près la Cour des Pairs, nommé par ordonnance du Roi, du 14 février dernier, pour poursuivre devant ladite Cour le procès de l'assassinat de feu Mgr. le Duc de Berry ; déclare que des pièces et de l'instruction qui lui ont été communiquées par suite de l'ordonnance qu'ont rendue, le 10 du présent, MM. les Pairs désignés par M. le Chancelier pour l'instruction du procès, résultent les faits suivans :

Le 13 février dernier, LL. AA. RR. Mgr. le Duc et Madame la Duchesse de Berry étaient à l'opéra. La Princesse désira ne pas rester jusqu'à la fin du spectacle. Le Prince, vers 11 heures du soir, la reconduisit à sa voiture qui stationnait, rue Rameau ; après lui avoir fait ses adieux, en l'assurant qu'il la rejoindrait sous peu de momens, il se retourna pour rentrer au théâtre.

A l'instant même, on vit un homme s'élancer, passer près du Prince comme un éclair et le choquer violemment. La première idée qui vint au Prince et à toute sa suite, fut que c'était un curieux indiscret ; l'aide-de-camp du Prince, M. le comte de Choiseul fut même tellement dominé par cette idée, qu'il prit l'importun par l'habit, et le repoussa en lui disant vivement : *Prenez donc garde.* L'homme s'enfuit. Il n'avait pas fait quelque pas dans sa course, que le Prince s'écria : *Je suis assassiné !* Le Prince, en effet, tenait la main sur un poignard abandonné par l'assassin, car c'en était un, dans la plaie même qu'il avait faite. MM. de Choiseul et de Clermont volèrent à l'instant même sur les traces de l'assassin, qu'eux et tous les assistans voyaient courir vers la rue de Richelieu. Le garde-royal Desbiez, qui était de faction auprès de sa voiture, à l'instant où le crime fut commis, l'adjudant-de-ville Meunier, d'autres militaires gardes-royaux et gendarmes, Lavigne, Racary, Giret, Bacher et Torres-Gilles, dont plusieurs l'avaient vu consommer son crime, se mirent aussitôt à sa poursuite.

Il fut arrêté très-près de là, à l'arcade Colbert, par un garçon limonadier appelé Paulmier, qui le remit sur-le-champ à l'adjudant de ville Meunier, au garde-royal Desbiez, et à tous les autres militaires par lesquels il était poursuivi. On le conduisit au corps-de-garde.

On le fouilla en présence de tous les témoins ci-dessus nommés, et de plus en présence du capitaine Lefèvre, qui ne commandait pas le poste, mais qui pourtant s'y trouvait en ce moment.

On trouva sur lui, dans une des deux poches de son pantalon, une gaîne vide, c'était celle du poignard avec lequel il avait frappé le Prince. Dans l'autre poche se trouva une alène de sellier, affilée aussi en poignard, et garnie également de sa gaîne. Ces instrumens homicides, et une clef qu'il avait sur lui, furent saisis et livrés sur-le-champ, ainsi que sa personne, à la justice. Cependant, aussitôt qu'on avait reconnu que Mgr. le Duc de Berry avait été frappé, on l'avait conduit, d'abord dans un corridor, puis dans le petit sallon de la loge du Roi. Le Prince lui-même, avait tiré d'une plaie profonde, le fer qu'y avait enfoncé l'assassin. L'arme était grossièrement façonnée en poignard tranchant et aigu, d'un demi-pied de longueur, emmanché dans du buis. Mgr. le Duc de Berry le remit à M. le comte de Menars, son premier écuyer, des mains duquel il passa immédiatement entre les mains du commissaire Ferté

Des médecins furent appelés. Les assistans connurent bientôt toute l'étendue du malheur de la France. Tous les secours furent prodigués avec un zèle et un talent dignes des plus grands éloges. Tous les secours furent vains. On ne put même transporter l'auguste blessé dans le palais de ses pères. Le 14 février, à six heures trente-cinq minutes du matin, le crime et le sacrifice étaient consommés.

Immédiatement après son arrestation, le coupable fut conduit devant le commissaire de police Ferté, que sa fonction avait appelé ce jour-là au théâtre confié à sa surveillence. Le commissaire Ferté avait déjà commencé à procéder à son interrogatoire, lorsque M. le comte Anglès, préfet de police, le procureur du Roi et le procureur-général arrivèrent successivement et dans cet ordre ; c'était leur devoir de s'emparer du criminel et d'instruire dans la forme requise pour le flagrant délit : ils remplirent ce devoir.

On fit subir un douloureux interrogatoire à l'homme arrêté. Il déclara s'appeler Louis-Pierre Louvel, être natif de Versailles, âgé de 36 ans, garçon sellier, employé pour le compte du sieur Labouzelle, sellier du Roi, et demeurer aux écuries, place du Carrousel. Du reste, et dans cet interrogatoire, et dans tous ceux qu'il a subis depuis, notamment devant M. le Chancelier et devant MM. les Pairs-Commissaires, il reconnut que c'était lui qui était coupable du meurtre ; il se vanta même avec férocité de méditer cet exécrable forfait depuis 1814. On lui représenta le grand poignard remis par M. le comte de Menars au commissaire de police Ferté ; il le reconnut sans la moindre difficulté, pour lui appartenir, et pour avoir été abandonné par lui dans la plaie ; il reconnut également le petit poignard, la clef, et les deux gaînes pour lui appartenir et avoir été saisis sur lui, à l'instant de son arrestation.

Il fut confronté sur le lieu même aux sieurs Paulmier, David, Meunier, Lavigne, Desbiez, Racary, Giret, Bâcher,

Gilles-Torres et Lefèvre. Tous le reconnurent : Desbiez et Torres-Gilles , pour l'homme qui , sous leurs yeux , avait frappé le Prince ; Paulmier, David, Meunier , Lavigne , Racary, Giret et Bacher, pour l'homme qui fuyait à l'instant, et qu'à l'instant ils avaient poursuivi et arrêté ; le capitaine Lefèvre , pour l'homme qu'on avait conduit au poste , qu'on avait fouillé devant lui et sur lequel on avait trouvé les divers instrumens de mort , et la clef relatée plus haut.

Il a été procédé, dès le matin , à une perquisition dans le logement de Louvel.

On y a trouvé 165 francs en argent. Au surplus, on n'y a rien découvert absolument qui eût trait à son crime.

Un bien plus cruel devoir fut rempli. Il fallait constater contradictoirement avec l'assassin le corps du délit. Le bourreau fut mis en présence de la victime qui avait expiré sous ses coups. Le bourreau la regarda d'un œil fixe , sec et féroce , ne témoigna ni sensibilité, ni remords , et confessa de nouveau que c'était là son ouvrage.

Les médecins qui ont vu et soigné le Prince dans les premiers momens et jusqu'à sa mort, ont été rassemblés. Ils ont procédé à la visite extérieure, puis à l'ouverture et à la visite intérieure du corps. Leur rapport assermenté a été unanime. Le coup porté par Louvel est la seule cause de sa mort.

On a dû rechercher les motifs qui avaient pu porter Louvel à commettre ce féroce assassinat : nul indice du dehors n'ayant pu aider à les découvrir, Louvel a été soigneusement interrogé sur ce point ; du moins et sans varier jamais , il a répondu avec une entière franchise.

Il a déclaré hautement qu'il n'avait jamais reçu le moindre grief, ni de M. le Duc de Berry, ni de nul Prince de son auguste famille. Qu'il n'avait ni motif, ni prétexte de leur porter aucun sentiment de haine personnelle. Qu'il n'avait été poussé que par la considération de l'intérêt public ; qu'il regardait tous les Bourbons comme les ennemis de la France ; qu'aussitôt qu'à leur retour il avait vu flotter le drapeau blanc, il avait conçu le projet de les assassiner tous ; que ce projet ne l'avait pas quitté un seul instant depuis 1814 ; que depuis lors il avait cherché toutes les occasions de l'exécuter , suivi les Princes dans leurs chasses , rôdé autour des spectacles où ils se rendaient, pénétré dans les églises où ils allaient remplir leurs devoirs religieux, et dans lesquelles , au pied des autels , il les aurait égorgés , si son courage ne lui avait pas manqué, et si quelquefois il ne s'était pas demandé : Ai-je tort ? Ai-je raison ? Qu'à Metz il avait eu un moment l'intention de tuer en 1814, M. le Maréchal de Valmy , parce qu'il les servait, mais que bientôt il avait pensé que c'était un simple particulier, qu'il fallait porter ses coups plus haut ; qu'il aurait tué Monsieur à Lyon , s'il l'y eût encore trouvé , lorsque, lui Louvel , se rendit dans cette ville au débarquement de Buonaparte ; que depuis il s'était attaché à M. le Duc de Berry, comme celui sur lequel était fondé le principal espoir de sa race ; qu'après Mgr. le Duc de Berry , il aurait tué Mgr. le Duc d'Angoulème ; après lui Monsieur , après Monsieur , le Roi ;

qu'il se serait PEUT-ÊTRE arrêté là : car il paraît qu'à cet égard, la réso-
lution du monstre n'était pas prise, et qu'il n'avait encore bien déter-
miné avec lui-même, s'il continuerait, dans les autres branches de la
famille royale, le cours de ses assassinats ; qu'il n'avait reçu de son arrestation qu'un seul chagrin, celui de ne pouvoir ajouter d'autres victimes
à celle qui était tombée sous son coup ; qu'il était loin de se repen-
tir de son action, qu'il regardait comme belle et vertueuse ; et qu'enfin
il persistait et persisterait toujours dans ses théories, dans ses opinions
et dans ses projets, sans s'embarrasser des jugemens des hommes
qui étaient divers sur de tels actes, moins encore des jugemens de la religion, à laquelle il ne croyait pas, et qu'il n'avait jamais pratiquée.

La plume se refuse à continuer de tracer de telles horreurs; les réflexions cruelles même qu'elles font naître, doivent être supprimées; il
faudrait plaindre une nation chez laquelle un aussi exécrable endurcissement ne ferait pas naître spontanément l'universelle détestation qu'il
mérite ; ce n'est pas la généreuse nation française qui a besoin qu'on
enflamme, en pareil cas, les nobles et humains sentimens dont sont
pénétrés tous les cœurs; après de tels aveux du coupable, après l'évidence de son crime, produite par tous les autres genres de preuves qui
se réunissent à ses aveux, il n'était plus question que de connaître et
de rechercher ses complices.

Cette exploration, si bien motivée par le grand intérêt qui s'y ratta-
che, a été faite avec soin; on a fait des perquisitions chez tous les
proches parens de l'assassin, elles n'ont rien produit à leur charge; ils
ont été attentivement interrogés ; nul indice qui fut contraire n'est sorti
de leurs interrogatoires.

Tous les documens qui pouvaient mettre sur la voie des complices
qui n'appartiennent pas à sa famille ont été scrutés.

Trois mois y ont été employés.

Plus de 50 commissions ont été délivrées.

Plus de 1200 témoins ont été entendus.

Nul complice ne s'est trouvé.

Louvel est donc le seul, en définitive et sauf les découvertes ulté-
rieures, qui doive être soumis à l'accusation.

En conséquence, de tous ces différens faits, Louis-Pierre-Louvel, garçon
sellier, âgé de 36 ans, natif de Versailles, demeurant à Paris, aux écuries du Roi, est accusé par le procureur-général de S. M., près la cour
des Pairs ;

D'avoir, le 13 février dernier, à 11 heures du soir, porté un coup
de poignard à S. A. R. Mgr. le Duc de Berry, qui en est mort, et
d'avoir ainsi commis un attentat contre la vie de la Famille Royale,
crime prévu par l'article 87 du code pénal.

Fait et arrêté en notre Cabinet, au Palais de la Cour des Pairs, le
12 mai 1820.

*Signé* BELLART.

Pour copie conforme :

*Le Greffier de la Cour des Pairs,*
A. CAUCHY.

Pour copie conforme :
PAJOU.

Chez Aug. SEGUIN. — De l'imprimerie de Jean MARTEL le jeune.

www.ingramcontent.com/pod-product-compliance
Lightning Source LLC
Chambersburg PA
CBHW070811220326
41520CB00054B/6565